I0821543

La bandera de los Estados Unidos

Julie Murray

Abdo Kids Junior es una
subdivisión de Abdo Kids
abdobooks.com

abdobooks.com

Published by Abdo Kids, a division of ABDO, P.O. Box 398166, Minneapolis, Minnesota 55439.

Abdo Kids Junior™ is a trademark and logo of Abdo Kids.

Printed in the United States of America, North Mankato, Minnesota.

102019

012020

THIS BOOK CONTAINS RECYCLED MATERIALS

Spanish Translator: Maria Puchol

Photo Credits: Alamy, iStock, Shutterstock, ©Kevin Gill p.21/CC BY 2.0

Production Contributors: Teddy Borth, Jennie Forsberg, Grace Hansen

Design Contributors: Christina Doffing, Candice Keimig, Dorothy Toth

Library of Congress Control Number: 2019943937

Publisher's Cataloging-in-Publication Data

Names: Murray, Julie, author.

Title: La bandera de los Estados Unidos/ by Julie Murray.

Other title: US Flag. Spanish

Description: Minneapolis, Minnesota : Abdo Kids, 2020. | Series: Símbolos de los Estados Unidos | Includes online resources and index.

Identifiers: ISBN 9781098200794 (lib.bdg.) | ISBN 9781644943809 (pbk.) | ISBN 9781098201777 (ebook)

Subjects: LCSH: Flags--Juvenile literature. | United States--Flags--Juvenile literature. | Flags--United States--History--Juvenile literature. | Emblems, National--United States--Juvenile literature. | Spanish language materials--Juvenile literature.

Classification: DDC 929.920973--dc23

Contenido

La bandera de los Estados Unidos

La bandera es un **símbolo** de los Estados Unidos.

ORGIA·BOUGAINVILLE·TARAWA·NEW BRITAIN·1944·MARSHALL ISLANDS·MARIANAS ISLANDS·PELELIU·1945·IWO JIMA·OKINAWA × KOREA·1950·
× REVOLUTIONARY·WAR·1775–1783 × FRENCH·NAVAL·WAR·1798–1801 × TRIPOLI·1801–1805 × WAR·OF·1812–1815 × FLORIDA·INDIAN·WA
UNCOMMON
VALOR

La primera bandera se hizo en 1777.

7

La bandera es roja, blanca y azul.

Tiene 13 franjas blancas y rojas. Éstas representan las primeras **13 colonias**.

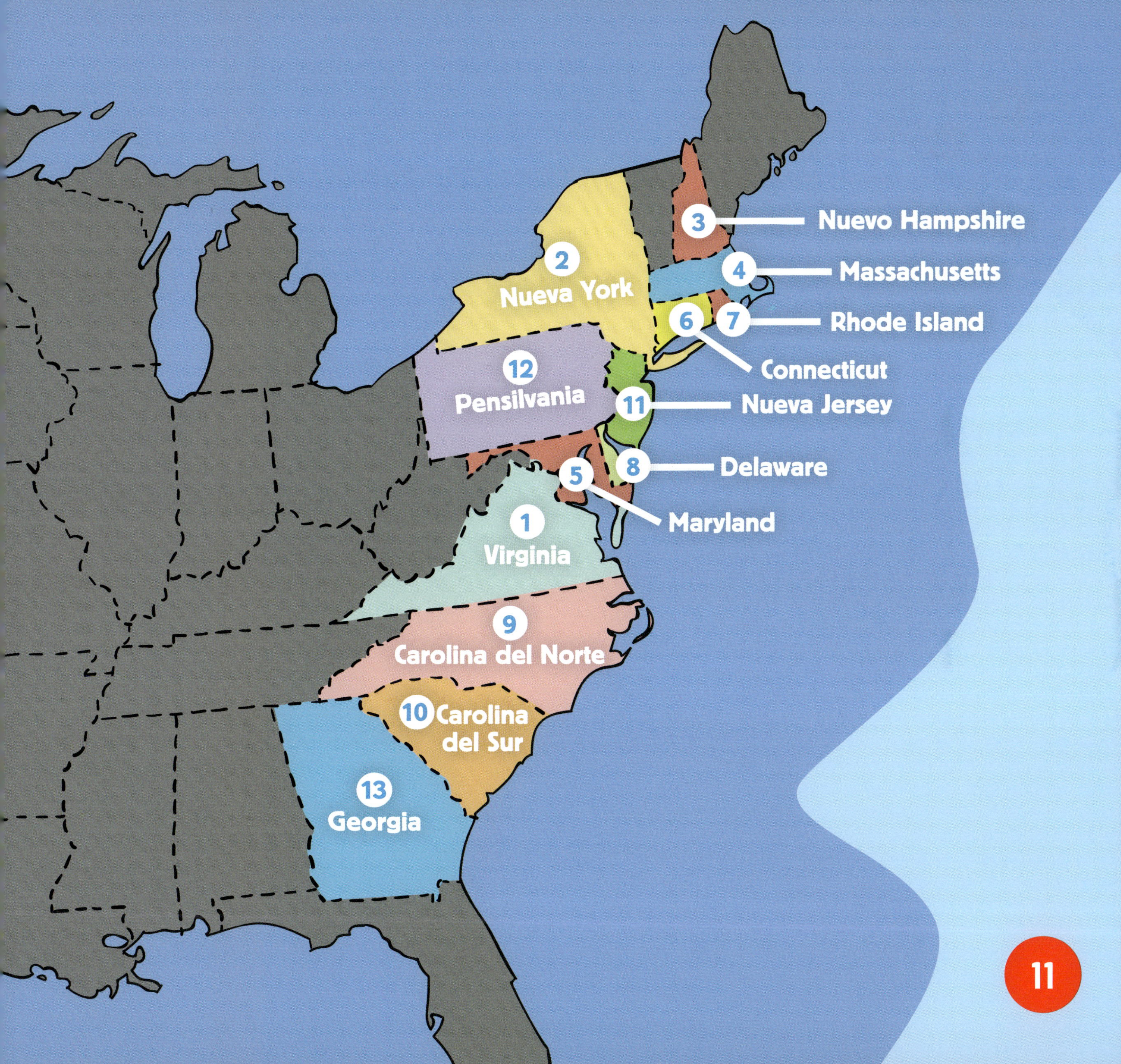
3 Nuevo Hampshire
2 Nueva York
4 Massachusetts
6
7 Rhode Island
Connecticut
12 Pensilvania
11 Nueva Jersey
5
8 Delaware
Maryland
1 Virginia
9 Carolina del Norte
10 Carolina del Sur
13 Georgia

Tiene 50 estrellas que representan los 50 estados.

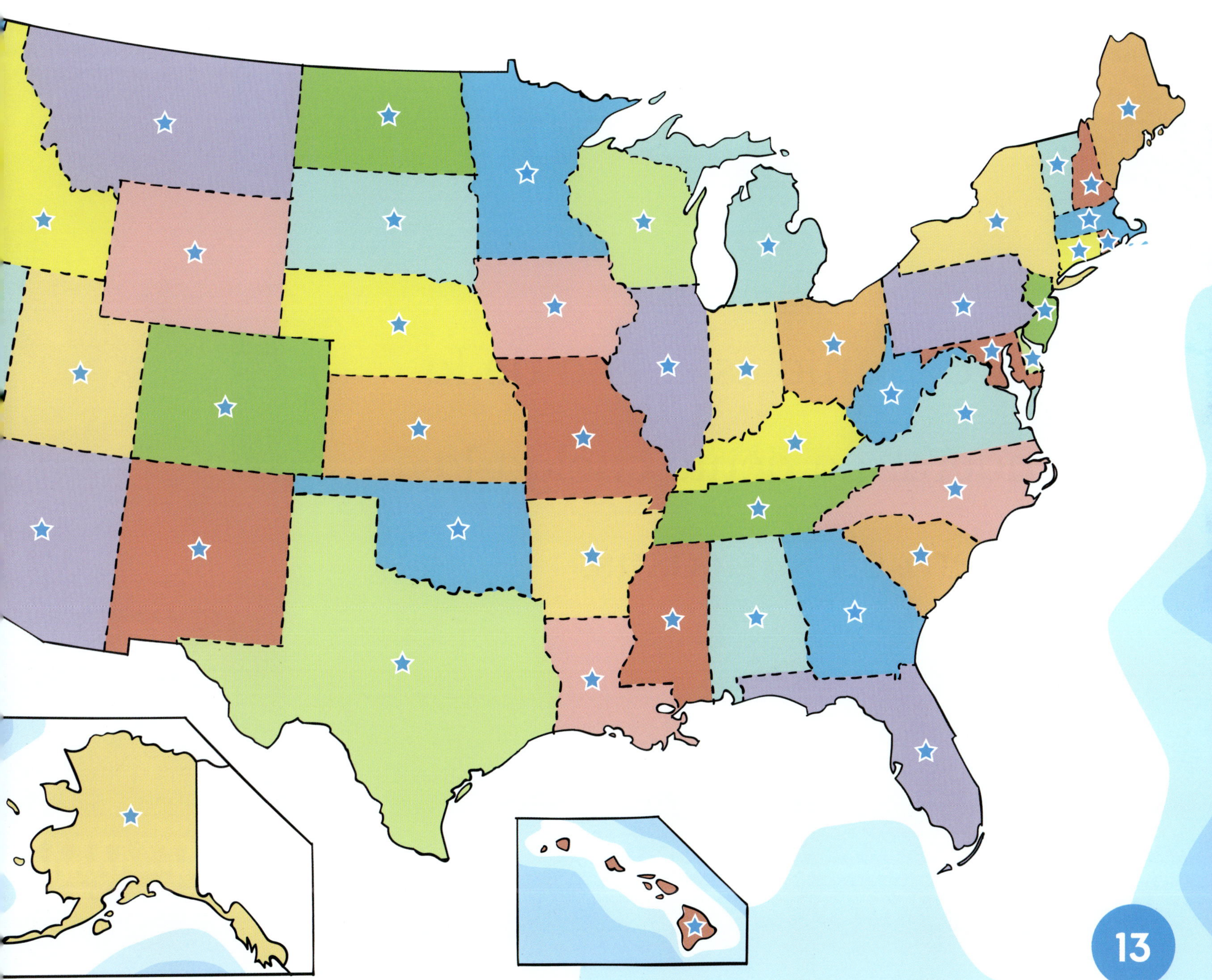

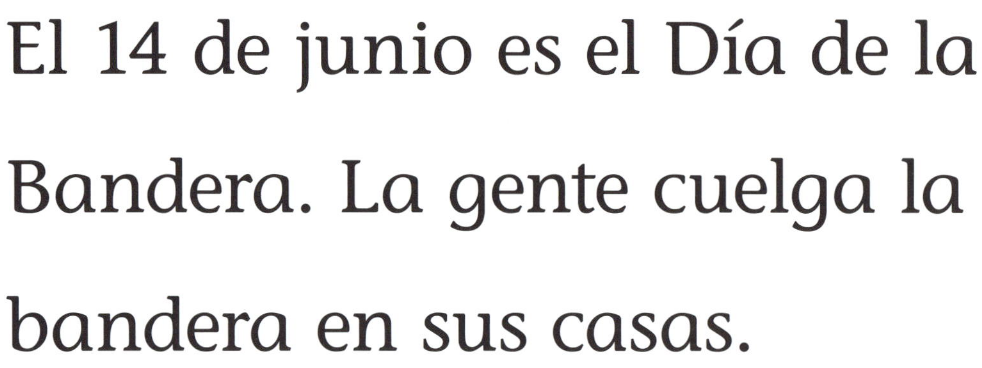

El 14 de junio es el Día de la Bandera. La gente cuelga la bandera en sus casas.

Lil Bit
16

Es el 4 de julio. Jada ondea la bandera.

Kim marcha en un **desfile**.

Lleva una bandera.

LIONS
EXCHANGE CLUB
JAYCEES
KIWANIS
LOCK IT OR LOSE IT
UNITED STATES

Mira a tu alrededor. La bandera está en todas partes. ¡Incluso en la luna!

La bandera a lo largo de la historia

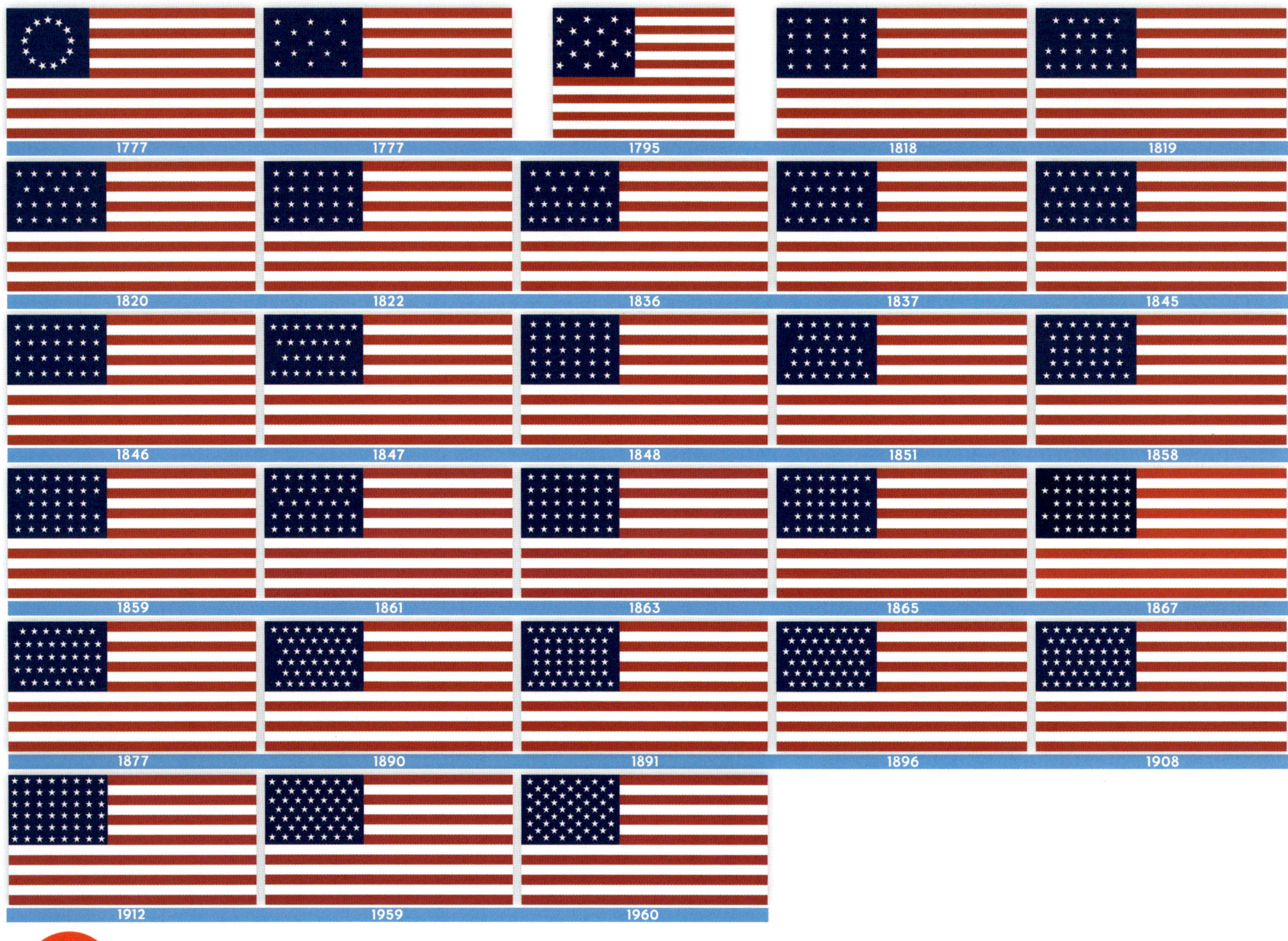

Glosario

13 colonias

13 regiones en América del Norte que fueron controladas por Gran Bretaña hasta 1776. En ese momento las colonias declararon la independencia y se formaron los Estados Unidos.

desfile

procesión pública ante una multitud como parte de una celebración; puede ser una marcha de gente y música, entre otras cosas.

símbolo

objeto que representa algo.

Índice

¡Visita nuestra página **abdokids.com** y usa este código para tener acceso a juegos, manualidades, videos y mucho más!